KB242124

기획 윤구병

1943년 전라남도 함평에서 태어나 서울 대학교 철학과와 대학원을 졸업하고, 월간 〈뿌리 깊은 나무〉의 초대 편집장을 지냈습니다.
충북 대학교 철학과 교수로 있으면서 어린이 책 〈올챙이 그림책〉〈어린이 마을〉〈달팽이 과학 동화〉를 기획하고 펴냈습니다.
1995년 대학 교수직을 그만두고 전라북도 부안으로 내려가 농사를 지으면서 대안 교육을 하는 '변산교육공동체'를 세웠습니다.
20여 가구 50여 명이 모여 살며 논농사 밭농사를 짓고, 젓갈·효소·술 같은 것을 만들어 자급자족하면서 자녀들과 함께
공동체 삶의 소중함을 배우고 가르쳐 오고 있습니다.
지은 책으로 그림책 《우리 순이 어디 가니》《바빠요 바빠》《심심해서 그랬어》《우리끼리 가자》《당산 할매와 나》《울보 바보 이야기》
《모르는 게 더 많아》가 있고, 《잡초는 없다》《변산공동체학교－어제, 오늘 그리고 내일》《꼭 같은 것보다 다 다른 것이 더 좋아》
《가난하지만 행복하게》《흙을 밟으며 살다》《자연의 밥상에 둘러앉다》《꿈이 있는 공동체 학교》 들이 있습니다.

그림 박영신

1959년 경기도 수원에서 태어나 서울 대학교에서 디자인을 공부했어요.
〈보라 아기그림책〉 가운데 《꼭꼭 숨어라》에 그림을 그렸습니다.
어린이 책과 도감 디자인을 하고 있습니다.

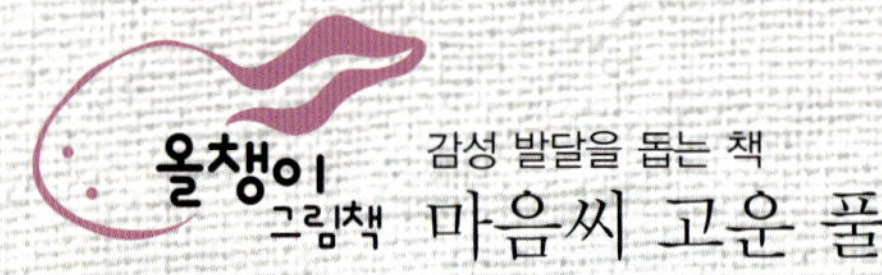

초판 1쇄 발행일 1991년 | 개정판 1쇄 발행일 2011년 5월 30일
기획 윤구병 | **그림** 박영신 | **발행인** 김학원 | **편집인** 선완규 | **경영인** 이상용 | **편집장** 위원석 정미영 최세정 황서현 | **기획** 나희영 임은선 박인철 최윤영 김은영 박정선
조은화 김희은 김서연 정다이 | **디자인** 김태형 유주현 | **마케팅** 이한주 하석진 김창규 이선희 | **저자·독자 서비스** 조다영 함주미 (humanist@humanistbooks.com)
스캔·출력 (주)로얄프로세스 | **용지** 화인페이퍼 | **인쇄** (주)로얄프로세스 | **제본** (주)책 다움
발행처 휴먼어린이 | **출판등록** 제313-2006-000161호(2006년 7월 31일) | **주소** 121-869 서울시 마포구 연남동 564-40
전화 02-335-4422 | **팩스** 02-334-3427 | **홈페이지** www.humanistbooks.com

ⓒ (재)변산공동체장학회, 윤구병 2011
ISBN 978-89-6591-005-3 17370

마음씨 고운 풀

윤구병 기획 | 박영신 그림

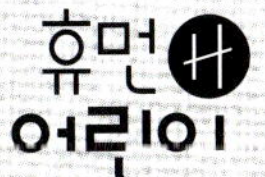

"여기 좀 봐. 이상한 풀이 났어."
올챙이가 미꾸라지한테 말했어요.

“어디? 어디?”
웅덩이에 사는 동물들이 모두 모였어요.
물방개도 오고 소금쟁이도 왔어요.

풀은 웅덩이에서 무럭무럭 자랐어요.
'집 짓기 좋은 곳이네. 여기서 살아야지.'
거미가 거미줄을 쳤어요.

어느 날, 메뚜기가 찾아왔어요.
"네 잎을 좀 먹어도 되겠니? 배가 너무 고파."
마음씨 고운 풀은 고개를 끄덕였어요.

'사각사각, 스걱스걱'
메뚜기가 풀잎을 갉아 먹었어요.

가을이 오자 풀에 이삭이 달렸어요.
어느 날 참새가 찾아왔어요.
"네 이삭을 좀 먹어도 되겠니? 배가 너무 고파."

이번에도 마음씨 고운 풀은 고개를 끄덕였어요.
'콕콕, 쿡쿡'
참새는 이삭을 쪼아 먹었어요.

이삭이 누렇게 여물었어요.
웅덩이 물이 바싹 말라붙었어요.
동물들은 모두 어디론가 떠났어요.

어느 날 들쥐가 찾아왔어요.
"네 씨앗을 좀 먹어도 되겠니? 배가 너무 고파."
마음씨 고운 풀은 고개를 끄덕였어요.
'오도독 오도독'
들쥐는 이삭을 맛있게 까 먹었어요.

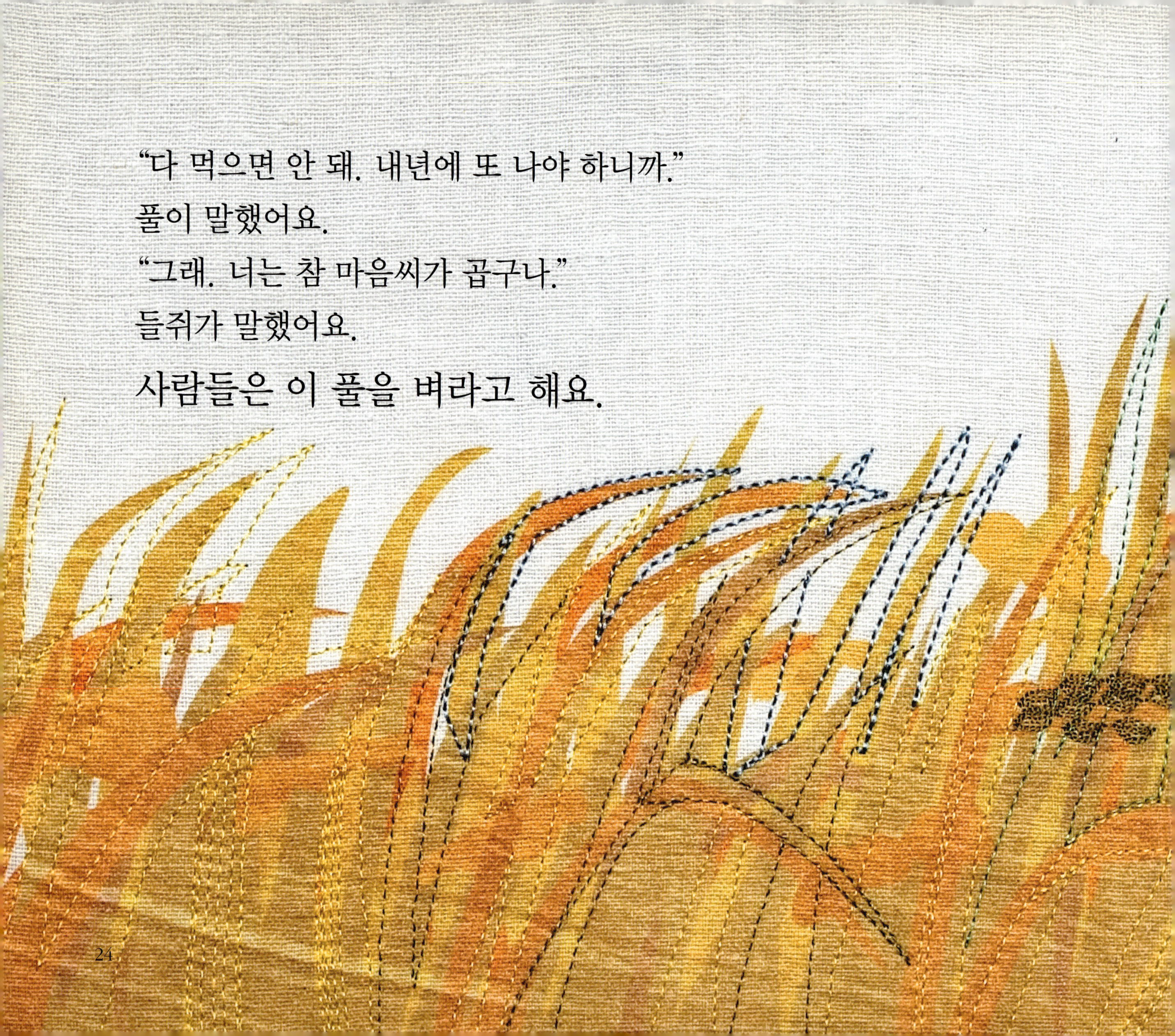

“다 먹으면 안 돼. 내년에 또 나야 하니까.”
풀이 말했어요.
“그래. 너는 참 마음씨가 곱구나.”
들쥐가 말했어요.
사람들은 이 풀을 벼라고 해요.